Wirtschaftspsychologie für Anfänger

Wie Sie die Grundlagen der Wirtschaftspsychologie leicht verstehen und für sich nutzen – inkl. der 4 Säulen: Arbeitspsychologie, Organisationspsychologie, Marktpsychologie und Konsumpsychologie

Martin Kulas

Alle Ratschläge in diesem Buch wurden sorgfältig erwogen und geprüft. Eine Garantie kann dennoch nicht übernommen werden. Eine Haftung des Autors beziehungsweise des Verlags für jegliche Personen-, Sach- und Vermögensschäden ist daher ausgeschlossen.

INHALT

Das erwartet Sie in diesem Buch

Auf dem Markt agieren nicht nur rationale und wirtschaftliche Kräfte, sondern auch emotionale und menschliche. Die Unternehmen fokussieren sich immer mehr auf den Faktor Mensch mit seinen individuellen Entscheidungen und Verhaltensweisen. Um diese psychologischen Erkenntnisse zu gewinnen, gibt es die Wirtschaftspsychologie.

Sie wollen mehr über dieses Gebiet erfahren und den Tricks der Wirtschaft entkommen? Dann ist dieses Buch genau das Richtige für Sie! Ich möchte Sie auf eine kleine Reise rundum den Bereich der Wirtschaftspsychologie mitnehmen und Ihnen die Eigenheiten präsentieren. Sie werden die Entstehung und Besonderheiten des Gebietes im Ganzen nachvollziehen können, die Inhalte sehen und die Voraussetzungen kennenlernen. Weiterhin erfahren Sie alles über die zwei Teilgebiete Arbeits- und Organisationspsychologie und Markt- und Konsumpsychologie sowie die Grundlagen, Methoden und psychologischen Tricks, die Sie im Endeffekt selbst anwenden können. Nach dem Lesen werden Sie in der Lage sein, Werbemaßnahmen und Ihr eigenes Konsumverhalten zu verstehen und zu hinterfragen. Sie können Ihre Mitmenschen und deren Entscheidungen analysieren und die dahinterstehenden Prozesse erkennen.

Also, worauf warten Sie noch? Fangen Sie an zu lesen, um nicht weiterhin ein passives Objekt im wirtschaftlichen Geschehen zu sein!

Grundlagen

DIE GESCHICHTE DER WIRTSCHAFTSPSYCHOLOGIE

Das Gebiet der Wirtschaftspsychologie ist ein Teil des großen Bereichs der Psychologie. Um den Ursprung der Wirtschaftspsychologie nachzuvollziehen, ist es wichtig, dass man über die Anfänge der Psychologie Bescheid weiß.

Den Anfang machte Wilhelm Wundt (1832–1920), ein deutscher Physiologe, Psychologe und Philosoph. Während seiner Lehrtätigkeiten als Philosophieprofessor an verschiedenen deutschen und schweizerischen Universitäten forschte er viel über Sinneswahrnehmungen und weitere, bis dahin unbekannte Effekte. Im Jahr 1879 gründete er an der Universität Leipzig das erste psychologische Laboratorium und unterrichtete

3

Fächer wie Methodenlehre, Nervenphysiologie und die Psychologie der Sprache. Studierende bekamen die Möglichkeit, experimentell zu arbeiten, und hatten eine Vielzahl an Untersuchungsgeräten zur Verfügung, an denen sie sich frei austoben und forschen konnten. Mit diesem systematischen Forschungsprogramm gelang es ihm, umfangreiche Wissenslücken der Psychologie auszufüllen. Damit gilt er als Begründer der empirischen und experimentellen Psychologie und ist ebenfalls dafür verantwortlich, dass die Psychologie heute als Einzelwissenschaft gilt.

Allerdings hatte seine Vorgehensweise einen Haken: Der Fokus lag darauf, die Verhaltensweisen erst komplett zu verstehen und zu erforschen, bevor man sie an praktischen Problemen anwenden konnte. Für ihn war es unmöglich, ohne das vollständige Wissen am Menschen zu arbeiten und durch die Psychologie neue Perspektiven zu schaffen. Er wollte auf Nummer sicher gehen und keine wichtigen Erkenntnisse übersehen. Dieses Vorgehen wurde von einigen Seiten kritisch beäugt. Ein Kritiker war Hugo Münsterberg (1863–1916), selbst Schüler des großen Wilhelm Wundt. Er hatte andere Ansichten und konnte die Warnungen seines Professors nicht nachvollziehen, dass die Anwendung für die derzeitigen Forschungen noch verfrüht sind. Seiner Meinung nach sollte man das Wissen direkt an aktuellen Problemen anwenden, um es am Menschen auszuprobieren. Mit diesen Ideen gilt er als einer der ersten Vertreter der angewandten Psychologie, wozu auch die Wirtschaftspsychologie zählt. Deshalb ist er im Volksmund als „Vater der Wirtschaftspsychologie" bekannt.

Hugo Münsterberg forderte im Gegensatz zu Wundt die genaue Erforschung von Psychotechniken und setzte diese sofort in der Wirtschaft um. Er legte sein Augenmerk auf eine empirisch-experimentell ausgerichtete Forschung und führte damit viele Studien durch. Mit den Ergebnissen seiner Studien ist er der Erste, der den Bereich der Wirtschaftspsychologie in kleinere Teildisziplinen einteilt. Dazu benennt er in seiner Schrift „Psychologie und Wirtschaftsleben" aus dem Jahr 1912 unter anderem die Personalpsychologie, Arbeitspsychologie und Marktpsychologie. Mit der Einteilung wurde es möglich, der angewandten Psychologie eine ganzheitliche Perspektive zu geben und zu zeigen, wie breit sich die Wirtschaftspsychologie im Leben eines einzelnen Menschen anwenden lässt. Bereits dort war er der Auffassung, dass die besten Leistungen im Arbeitskontext in der Verbesserung der Arbeitsbedingungen liegen. Folglich sollte jeder

Arbeitgeber zuallererst optimale Voraussetzungen schaffen, bei denen die Arbeiter maximale Leistungen erbringen können. Münsterberg betonte, dass es mit der Wirtschaftspsychologie ein Kinderspiel ist, die Bedürfnisse und Wünsche des Einzelnen zu analysieren und anschließend zu interpretieren. Aufgrund dieser bahnbrechenden Erkenntnisse und Theorien verlieh der Berufsverband Deutscher Psychologinnen und Psychologen e. V. von 1981 bis 2007 die Hugo-Münsterberg-Medaille für besondere Verdienste in der angewandten Psychologie.

Der US-Amerikaner George Katona und der Franzose Paul Reynaud führten Münsterbergs Ansätze fort und legten ihren Fokus dabei besonders auf makroökonomische Prozesse und Forschungen. Sie betonten die Wichtigkeit der Theoriebildung in der Psychologie, um daraus Erkenntnisse ableiten zu können und ein tieferes Verständnis über die Eigenarten der menschlichen Psyche herauszufinden.

Im deutschen Raum hat sich seit den 80er-Jahren eine Wirtschaftspsychologie herauskristallisiert, die sich hauptsächlich aus den Fakten und Theorien der Sozialpsychologie bedient, um damit relevantes wirtschaftliches Verhalten vorherzusagen und zu erklären. Seitdem kommen jährlich neue Studien und erkannte

Effekte dazu, die unser Verhalten maßgeblich erklären und wodurch die Marktsituation nachhaltig beeinflusst werden kann.

WIRTSCHAFTSPSYCHOLOGIE: EINE DEFINITION UND DIE BEDEUTUNG

In der heutigen Wirtschaft findet man immer mehr gesättigte Märkte, es wird schwerer, sich als einzelnes Unternehmen zu differenzieren, und es herrscht zunehmender nationaler und internationaler Konkurrenzdruck. Neben einer Vielzahl technischer oder marketingorientierter Differenzierungsmethoden rückt der Mensch immer weiter in den Vordergrund. Es ist längst bekannt, dass es in der Wirtschaft nicht einzig und allein um Daten und Statistiken geht. Jede wirtschaftliche Entscheidung basiert auf den Entscheidungen und dem Verhalten der Arbeitgeber und Arbeitnehmer. Allerdings sind diese nicht immer rational, sondern werden auch zu einem großen Teil von Emotionen getrieben. Versteht man den Zusammenhang zwischen den Gefühlen, Bedürfnissen, Wünschen und Einstellungen der Menschen, kann man das Verhalten in eine gewünschte Richtung lenken und sich als

Unternehmen von der Konkurrenz abheben. Doch wie wird es dem Unternehmer möglich, in die Köpfe seiner Angestellten hineinzuschauen und sie zu verstehen? Dabei hilft die Wirtschaftspsychologie.

Der Bereich der Wirtschaftspsychologie beschreibt, wie der Name schon erahnen lässt, das subjektive Erleben und Verhalten der Menschen im ökonomischen Kontext mit einem Bezug zu den sozialen Zusammenhängen. Als Teilbereich der Psychologie umfasst sie alle Aspekte des Wirtschaftens, die sich nicht mit der Produktions-, sondern mit der Konsumtionsseite beschäftigt.

Anwendung findet sie in allen Bereichen eines Unternehmens und auch im gesamten Markt-geschehen. Sie ist beispielsweise im Inneren des Unternehmens nützlich, um herauszufinden, welche Motive einzelne Mitarbeiter verfolgen und welche Anreize sie benötigen, um eine optimale Leistung zu erbringen. Führungskräfte können dieses Wissen gut umsetzen und jeden individuell nach seinen Fähigkeiten und Zielen motivieren. Weiterhin kann man die Perspektive der Konsumenten einnehmen und ermitteln, weshalb bestimmte Produkte gekauft werden und andere nicht. Das bietet eine gute Grundlage, um sein eigenes Marketingkonzept zu überarbeiten und dem derzeitigen

Markt anzupassen.

Neben diesen zwei Beispielen gibt es noch eine Menge anderer Perspektiven, welche die versteckten Kräfte des Wirschaftens etwas deutlicher machen. In jedem Fall wird aber deutlich, dass die äußerlichen Erscheinungen der Wirtschaft, wie die Aktienkurse, der Umsatz oder die Markenbekanntheit, nur einen kleinen Teil vom eigentlichen Erfolg eines Unternehmens ausmachen. Genauso wichtiger sind die nicht sichtbaren Prozesse. Dazu zählen beispielsweise Kaufentscheidungen, Gewohnheiten, Einstellungen oder auch die Motivsysteme. Auf diese sollte ein großer Fokus gelegt werden, um optimale Erfolge erzielen zu können. Deshalb steigt für Führungskräfte die Bedeutung empirisch-psychologischer Kenntnisse immer weiter an. Sie können sich nicht weiterhin auf ihren gesunden Menschenverstand und auf die Alltagspsychologie verlassen, um die Herausforderungen im Umgang mit Arbeitnehmern und Endverbrauchern zu meistern.

INHALTE

Wie wir bereits wissen, sind wirtschaftspsychologische Erkenntnisse breit anwendbar und schaffen in allen ökonomischen Kontexten Abhilfe zur kontinuierlichen Verbesserung und Erreichung unternehmerischer Ziele. Auch, wenn man im ersten Moment wahrscheinlich nur an die Menschen im Unternehmen denken mag, breitet sich das Anwendungsgebiet auch auf die Konsumenten und Investoren aus. Der Markt muss als großes Ganzes gesehen werden, auf dem die Tätigkeiten aller Wirtschaftsakteure einander beeinflussen. Die kleinsten Veränderungen in einem Teil der Wertschöpfungskette können einen großen Effekt auf das Verhalten der Konsumenten und auch der Konkurrenz haben. Weiterhin sorgt ein neues Anreizsystem zur Mitarbeitermotivation für erhöhte Leistungen am Arbeitsplatz, welche den Wert des gesamten Unternehmens steigern können.

Um den einzelnen Sachverhalten einen systematischen Rahmen zu geben, unterteilt man den Bereich grob in zwei Kategorien. Zum einen in die Arbeits- und Organisationspsychologie. Diese befasst sich mit dem arbeitsbezogenen Erleben und Verhalten von Personen im unternehmerischen Kontext und den Wechselbeziehungen zwischen Arbeits-, Organisations- und Marktbedingungen. Die zweite Kategorie ist die Markt- und Konsumentenpsychologie. Das Ziel dabei ist es, menschliches Verhalten in Zusammenhang mit dem Marktgeschehen zu bringen und es sowohl zu erklären als auch vorhersagen zu können. Trotz dieser Einteilung ist es von großer Bedeutung, dass sich die Themengebiete gegenseitig beeinflussen. Bei Neuerungen im Bereich der Organisationspsychologie kann es beispielsweise zu Veränderungen im Konsumentenverhalten kommen. Deshalb sollte kein Gebiet isoliert betrachtet werden, sondern immer vor dem Hintergrund der anderen Situationen und Faktoren, die zum Erfolg führen.

Der derzeitige Wissensstand über die Wirtschaftspsychologie ist weit vorangeschritten. Es gibt eine Vielzahl von Studien, die versuchen, neue psychologische Effekte zu entdecken, und es kommen täglich neue dazu. In den folgenden Kapiteln werden die wichtigsten Effekte genauer vorgestellt, damit auch Sie die psychologischen Tricks der Industrie verstehen und bei Bedarf gegensteuern können.

WIE WIRD MAN WIRTSCHAFTSPSYCHOLOGE?

Die Bezeichnung des einzelnen als Wirtschaftspsychologen setzt ein Studium voraus, bei dem man am Ende den Bachelor of Science erhält. Im Rahmen eines Psychologiestudiums ist es möglich, den Schwerpunkt

Wirtschaftspsychologie zu wählen und sich darauf zu spezialisieren. Allerdings bieten Fachhochschulen auch einen reinen Studiengang zum Thema Wirtschaftspsychologie an. Hier kann sich der angehende Studierende zwischen einer öffentlichen oder einer privaten Hochschule entscheiden, um sein Studium zu absolvieren. Neben persönlichen Präferenzen sollte dabei auch ein Blick auf das Curriculum der jeweiligen Institution geworfen werden, da sich die Inhalte je nach Standort stark unterscheiden können.

Unabhängig, für welche Hochschule man sich entscheidet, beinhaltet das Bachelorstudium eine Grundausbildung in allgemeiner Psychologie, Sozial- und Differenzialpsychologie, Methodenlehre, Wirtschaft und Statistik. Die prozentualen Anteile betriebswirtschaftlicher und psychologischer Fächer variiert je nach Hochschule. Bei einigen ist es gleich aufgeteilt, bei anderen kann entweder die Psychologie oder Betriebswirtschaft überwiegen. Bei der Wahl einer Fachhochschule sollte man sich deshalb überlegen, welche Inhalte den eigenen beruflichen Zielen besser entsprechen. Weiterhin werden neben den Grundlagen auch Veranstaltungen zur englischen Sprache angeboten. Dies gewinnt in der Wirtschaft immer mehr an Bedeutung, da viele Unternehmen international agieren und vernetzt sind. Für künftige Wirtschaftspsychologen ist es deshalb wichtig, fließend Englisch zu sprechen und sich ausdrücken zu können. In diesem Kontext wird an nahezu jeder Hochschule ein Auslandssemester angeboten, in dem Studierende erste internationale Kontakte knüpfen und Expertise sammeln können.

Neben den theoretischen Lehrinhalten legen Hochschulen einen großen Wert darauf, dass die Veranstaltungsteilnehmer ihr gelerntes Wissen praxisorientiert umsetzen können. Daher wird viel Wert auf Projekte gelegt, bei denen die Studierenden auf eigene Faust Studien konzipieren, durchführen und auswerten oder auch mit Unternehmen zusammenarbeiten dürfen, um erste Erfahrungen in der Berufswelt zu sammeln. Aus dem gleichen Grund ist auch ein Bachelorpraktikum Pflichtbestandteil des Studiums. Hier können sie über mehrere Monate in Betrieben arbeiten und am eigenen Leib erfahren, wie der Beruf als Wirtschaftspsychologe wirklich ist und ob sie sich die eigene Zukunft so vorstellen.

Nach den ersten Semestern hat der Studierende die Wahl, sich auf ein Berufsfeld zu konzentrieren. Hierbei steht meistens die Wahl zwischen dem Personalwesen oder Markt und Konsum. Nach der Entscheidung besucht man Vorlesungen, die speziell auf diese

Themen ausgerichtet sind.

Normalerweise dauert ein Bachelorstudium im Studiengang 6 bis 7 Fachsemester. Im letzten Semester schreibt man üblicherweise eine Bachelorarbeit. Nach einer erfolgreichen Verteidigung jener Arbeit erhält der Student den Bachelorabschluss und kann sich offiziell Wirtschaftspsychologe nennen. Danach steht ihm der Weg auf dem Arbeitsmarkt frei. Entweder fängt er direkt an zu arbeiten oder er hängt noch einen Masterstudiengang an, um noch mehr Expertise zu gewinnen.

Neben dem klassischen Bachelorstudiengang ist es auch möglich, einen Master in Wirtschaftspsychologie zu absolvieren. Hierfür ist nicht unbedingt ein Bachelor im selben Gebiet notwendig. Oft wird ein anderer Wirtschaftsstudiengang mit einem Wirtschaftspsychologie-Master verbunden. Außerdem wird es in Betrieben immer populärer, dass psychologische Zusatzausbildungen angeboten werden, um den Angestellten die Vernetzung zwischen der Wirtschaft und dem menschlichen Verhalten näherzubringen.

UND WIE GEHT ES NACH DEM STUDIUM WEITER?

Die Frage nach den beruflichen Perspektiven beschäftigt viele, sobald sie über ihre Zukunft nach der Schule nachdenken und sich auf die Suche nach einem Studiengang begeben. Studiert man Lehramt, ist es klar, dass man nach dem Studium unterrichten wird. Doch wenn man sich für das Fach Wirtschaftspsychologie entscheidet, ist es erst einmal nicht direkt zu erkennen, als was man nach der Studienzeit arbeiten wird. Für einige kann diese Unsicherheit ein zu hohes Risiko sein und sie entscheiden sich für etwas anderes, doch diese Sorgen sind unberechtigt. Da die Psychologie in jedem Wirtschaftsbereich als Erfolgsfaktor angesehen wird, begrüßen Organisationen Absolventen mit offenen Händen. Hat man einmal einen Abschluss in besagtem Fach, stehen einem alle beruflichen Türen zur Verfügung und es wird eher schwer, sich zu entscheiden, welche Option man am liebsten wählen möchte. Wirtschaftspsychologen verfügen über ein breites Spektrum an Fähigkeiten, weshalb auch die Einsatzgebiete so vielseitig sind.

Zu ihren Stärken zählen sowohl der richtige Umgang mit Menschen und das Verständnis darüber, wie einzelne ticken, als auch die qualitativ hochwertige methodische Ausbildung. Typische Bereiche im Teilgebiet Personal liegen zum Beispiel in Personalarbeit und -management. Dort geht es meist um die Auswahl des richtigen Personals, Personalerhaltung oder auch Mitarbeitermotivation. Weiterhin kann man sich der Unternehmensberatung widmen oder sich als Coach, Trainer oder Berater selbstständig machen und ein eigenes Unternehmen aufbauen. Im Markt- und Konsumbereich hat man die Möglichkeit, ins Marketing oder in die Marktforschung zu gehen. Dieser Bereich ist vor allem so beliebt, weil das Marketing psychologisch orientiert ist. Da kommen Wirtschaftspsychologen wie gerufen. Sie beschäftigen sich beispielsweise mit der Kundenzufriedenheit, dem Markenwert, Konsumentenverhalten oder auch den Entscheidungsprozessen bei einem Kauf.

Dieses breite Spektrum an Karrieren bestätigt, wie anerkannt die Fähigkeiten der Wirtschaftspsychologen auf dem Arbeitsmarkt sind und wie vielfältig die Anwendung ist. Daher sollte es keinen Grund zur Sorge geben, dass man nach dem Studium keine Perspektive hat. Es gibt verschiedene Wege, einen erfüllten Job zu finden und mit einem Abschluss in Wirtschaftspsychologie gibt es viele dieser Wege.

Arbeits- und Organisations- psychologie

W ie Sie bereits erfahren haben, teilt sich die Wirtschaftspsychologie in zwei große Teile auf. In den nächsten Kapiteln wollen wir tiefer in die jeweiligen Teile eintauchen und durch Beispiele und Praxisbezüge ein größeres Verständnis über die Anwendung der Psychologie in der Ökonomie schaffen. Zuerst beschäftigen wir uns mit dem Gebiet der Arbeits- und Organisationspsychologie.

WAS IST DER GEGENSTAND DER ARBEITS- UND ORGANISATIONSPSYCHOLOGIE?

Grundlegend beschäftigt sie sich mit dem Erleben und Verhalten von Personen in Organisationen bzw. im Kontext der Arbeit. Unter dem Begriff werden alle psychologischen Erkenntnisse und Methoden zusammengefasst, die für die Analyse, Förderung und Gestaltung von Arbeitsprozessen bedeutsam sind. Ziel dabei ist es, das Individuum, die Gruppe und die gesamte Organisation zu verstehen. Da die Wirtschaftspsychologie eine anwendungsbezogene Wissenschaft ist, zielt man auch in der Arbeits- und Organisationspsychologie darauf ab, die psychologischen Kenntnisse zu nutzen, um friedliche und problemlose Abläufe in der Praxis zu gestalten.

Bevor wir weiter in das Thema einsteigen, müssen erst die Begriffe „Arbeit" und „Organisation" geklärt werden. Arbeit wurde 2007 von Semmer und Udris passend definiert:

„Arbeit ist eine zielgerichtete menschliche Tätigkeit zum Zwecke der Transformation und Aneignung der Umwelt aufgrund selbst- oder fremddefinierter Aufgaben mit gesellschaftlicher, materieller oder

ideeller Bewertung zur Realisierung oder Weiterentwicklung individueller oder kollektiver Bedürfnisse, Ansprüche oder Kompetenzen."

*Für das Individuum hat der Faktor Arbeit vielzählige
psychische Funktionen. Dazu zählen beispielsweise die
finanzielle Absicherung und die Unabhängigkeit, wenn
man für seine getane Leistung bezahlt wird. Außerdem
dient sie als Legitimationsfunktion. Der arbeitende
Mensch erlebt das Gefühl, ein nützlicher Teil der Gesellschaft zu sein und erhält Anerkennung. Eine wieder andere Funktion ist die Selbstwertstabilisierung durch die
Bewältigung schwieriger Aufgaben, woraufhin ein ge-
wisses Kompetenzgefühl folgt. Daraus kann man eindeu-
tig schließen, dass die Arbeit unsere Gesundheit und unser Wohlbefinden beeinflusst.*

*Eine Organisation ist über ihre Funktion bestimmt
und nicht an einzelne Menschen gebunden. Die Stelle ist
das Basiselement. Oft wird eine Organisation mit einem
Team verwechselt. Dieses ist allerdings personengebun-
den und die Basiselemente des Teams sind einzelne Individuen. Organisationen können auch bei wechselnden Individuen weiter bestehen, wobei Teams dadurch aufge-
löst werden. Allerdings sind Teams wichtig für Organisationen. Sie bilden Subsysteme und an ihnen wird viel*

über Kleingruppen geforscht.

MEILENSTEINE DER ARBEITS- UND ORGANISATIONS- PSYCHOLOGIE

Die Kenntnisse über die beste Mitarbeiterführung und Gestaltung des Arbeitsplatzes sind über einen langen Prozess verschiedener Ansätze und Praxisdurchführungen zusammengekommen.

Taylorismus

Anfang des 20. Jahrhunderts erschien das Werk „Die Grundsätze wissenschaftlicher Betriebsführung" (1913) von Frederick W. Taylor. Darin erklärt er die Theorie, dass Organisationen nach rationalen und systematischen Prinzipen entworfen, geführt und kontinuierlich verbessert werden sollen. Taylor führte Zeit- und Bewegungsstudien durch, in denen beispielsweise erforscht wurde, wo eine Maschine stehen muss, um die Arbeit besser zu gestalten und den Raum dementsprechend zu optimieren. Diese Forschungen führte er in verschiedenen Bereichen durch und erkannte unterschiedliche Ansätze zur Optimierung der Produktion. Dazu zählen: die Gestaltung des Arbeitsumfelds, die Personalauswahl oder auch leistungsbezogene

Entlohnungssysteme. Drehte man an diesen Faktoren, stieg die Performance der Produktion und es wurde in kürzerer Zeit mehr produziert. Allerdings wurde der Mensch dabei etwas außer Acht gelassen. Taylor erkannte, dass die Produktion am effektivsten verläuft, wenn das große Ganze in einzelne Teilschritte aufgeteilt wird und sich jeder Arbeiter auf einen Schritt spezialisiert. Dies war der Beginn der Fließbandarbeit. Die Arbeiter wurden ihren Beruf aber schnell leid, da durch die Monotonie keine Motivation vorhanden war und sie sich nicht weiterentwickeln konnten.

Die partizipative Theorie

Als das Problem den Personen bekannt wurde, die in der Hierarchie ganz oben standen, wurde die partizipative Theorie populär. Die Grundidee dabei war es, dass Menschen aktiv in Gruppen eingebunden sind und damit ihre sozialen Bedürfnisse befriedigen können. Daraus resultiert eine soziale und Mitbestimmungsmotivation, wobei der Mitarbeiter engagierter wird und bessere Arbeit leistet. Die neuen Prinzipien zur Mitarbeiterführung zeigt das Modell der überlappenden Gruppen von Likert:

- Kommunikation zwischen den Ebenen und auf einer Ebene quer (Führungskräfte dürfen nicht über die Köpfe ihrer Angestellten hinweg bestimmen)

- Partizipation an Entscheidungen auch von unten nach oben
- Information von oben nach unten
- Befriedigung sozialer Bedürfnisse als Motivationsgrundlage.

Der humanistische Ansatz

Trotz des neuen Wissens über die externe Motivation durch Gruppen fehlte noch immer der Aspekt der inneren Motivation. Die Psychologen wollten herausfinden, wie man es schaffen kann, dass der Mensch automatisch motiviert ist zu arbeiten. Dafür ist die intrinsische Motivation relevant. Sie beschreibt den Antrieb, der aus der erlebten Qualität der Arbeit resultiert. Um sie zu beschreiben, gibt es das Job-Charakteristik-Modell, welches beschreibt, wie intrinsische Motivation während und durch die ausgeübte Tätigkeit entsteht. Nach diesem Modell entsteht der innere Antrieb durch drei Faktoren, die das Individuum subjektiv erlebt.

Erstens die erlebte Bedeutsamkeit der eigenen Arbeitstätigkeit. Wird die Leistung von Führungskräften oder Kollegen wertgeschätzt, ist man umso motivierter, härter zu arbeiten. Ist es jedoch so, dass die Arbeit nur gering geschätzt oder gar nicht beachtet wird, kann es schnell zu Demotivation kommen und das

Individuum sieht keinen Sinn im Weiterarbeiten. Zweitens hängt es von der erlebten Verantwortung für die Ergebnisse der eigenen Arbeit ab. Hat das Individuum selbst die Möglichkeit, das Endresultat zu beeinflussen, ist es motivierter. Zuallerletzt spielt das Wissen über die Resultate der Arbeit eine motivationale Rolle. Nach einer erbrachten Leistung ist es wichtig, Feedback zu geben. Speziell über die Qualität der Ergebnisse. Dadurch hat der Leistende einen Überblick, was bisher gut gelaufen ist und wo er vielleicht noch etwas genauer arbeiten sollte. Das Wissen über qualitative Missstände der eigenen Arbeit motiviert ebenfalls, es beim nächsten Mal besser zu machen. Ohne Rückmeldung weiß das Individuum nicht, wie seine Arbeit wahrgenommen wird, und ist nicht motiviert, härter zu arbeiten, um bei folgenden Projekten ausgereiftere Leistungen zu absolvieren.

Um die Aufgabenmerkmale des Job-Charakteristik-Modells zu verstärken, gibt es unterschiedliche Arbeitsplatzgestaltungen:

- **Job Rotation**
  Diese Gestaltungsmaßnahme rät zu einem regelmäßigen Wechsel zwischen verschiedenen Tätigkeiten innerhalb eines Arbeitsbereiches. Durch die wechselnden Aufgaben entsteht

eine erhöhte Anforderungsvielfalt und das Individuum kommt nicht in den monotonen Zustand, bei dem die Aufgaben nur routinemäßig abgehandelt werden und nichts Spektakuläres passiert.

- **Job Enlargement**
  Hier übt eine Person mehrere Tätigkeiten auf demselben Anforderungsniveau aus. Dabei kann sie breitere Fähigkeiten entwickeln und tut nicht jeden Tag das Gleiche.
- **Job Enrichment**
  Beim Job Enrichment kann das Individuum Tätigkeiten auf einem höheren Anforderungsniveau ausüben. Damit erhält sie mehr Autonomie, Ganzheitlichkeit und Vielfalt.

Weiterhin kann die intrinsische Motivation durch das Konzept der „lernenden Organisation" angeregt werden. Chris Argyris erkannte, dass es oft einen Antagonismus zwischen der Organisation und ihren Mitarbeitern gibt, welcher die Beziehung negativ beeinflusst. Deshalb setzte er sich das Ziel, die Arbeits- und Kooperationsbedingungen so zu verändern, dass sie den individuellen Bedürfnissen entgegenkommen und es keinen Zielkonflikt mehr gibt. Seine Idee war es, dass die

Eigenverantwortlichkeit und die Zielfestsetzung nach den eigenen Werten und Bedürfnissen der Mitarbeiter zum Erfolg führen. Durch den erlebten Erfolg wird das Selbstwertgefühl gestärkt, was in Arbeitsmotivation und physische Gesundheit resultiert. Gleichzeitig hat das einen positiven Effekt auf die Leistung der Organisation: Gesunde und motivierte Mitarbeiter leisten eine bessere Arbeit und sind effektiver. Daran zeigt sich, dass nicht nur Individuen, sondern auch Organisationen einen Entwicklungsprozess durchleben, wenn sie die Bedürfnisse der einzelnen als Ausgangspunkt für ihre Arbeitsgestaltung nehmen. Führungskräfte sollten nicht jeden Mitarbeiter gleich behandeln. Es ist empfehlenswerter, sich jeder Person flexibel anzupassen und auf ihre Bedürfnisse zu achten. Damit erwirbt eine lernende Organisation neue Fachkompetenzen und die Fähigkeit zur Umstrukturierung von Arbeits- und Entscheidungsprozessen.

FÜHRUNG UND LEADERSHIP

Jedes Unternehmen setzt sich unterschiedliche Ziele. Viele sind absatzorientiert und legen Wert auf den Gewinn, Umsatz oder auch den Marktanteil. Für andere ist die Kundenzufriedenheit, Kundenbindung und

Markentreue wichtiger. Im Mitarbeiterbereich wird vermehrt auf die Fluktuationsrate, Krankheitstage und Mitarbeiterzufriedenheit Wert gelegt. So unterschiedlich die Ziele auch sein können, haben sie alle etwas gemeinsam: Ihre Erreichung hängt von der Qualität der Führung und dem Unternehmensklima ab. Daher ist es wichtig, in die Führung zu investieren und mehr Zeit für die Gewinnung neuer, qualitativer Methoden einzurichten. Langfristig hilft es dem ganzen Unternehmen, seine absatz-, kunden- und mitarbeiterorientierten Ziele zu erfüllen.

Der High-Performance-Cycle

Locke und Latham veröffentlichen 1967 die Theorie des High-Performance-Cycles. Ihre Hauptidee war, dass Führungskräfte dazu angehalten sind, klare und herausfordernde Ziele zu setzen und dadurch mehr Leistung von den Angestellten erwarten können. Allerdings ist es für die bessere Performance wichtig, dass die Ziele von den Leistenden vollständig akzeptiert werden und eine Bindung zwischen Mitarbeiter und Ziel entsteht. Durch die aktive Partizipation des Mitarbeiters an der Zielvereinbarung entsteht die gewünschte intrinsische Motivation. Er muss von sich aus die Motivation haben, es zu erreichen. Weiterhin unterstreichen die beiden Psychologen die Wichtigkeit des Feedbacks nach der Zielerreichung. Es soll die Selbsteinschätzung fördern, unterstützend bei der Entwicklung effektiver Aufgabenstrategien wirken und führt sowohl zu einer Motivations- als auch zu einer Leistungssteigerung. Dadurch wird der Mitarbeiter zufriedener mit seiner Tätigkeit.

Positive Leadership

Neben dem Vertrauen in die Angestellten und dem Beachten ihrer Bedürfnisse ist es auch von Vorteil, sich auf ihre Stärken zu konzentrieren und diese optimal zu nutzen. Als Führungskraft sollte man nachvollziehen können, welche Umstände und Gedanken Menschen am meisten stärken und die Defizite nicht so hoch anlegen. Grundlegend handelt es sich beim positive Leadership und eine Kombination aus positiver Psychologie und wertorientiertem Führen. Mögliche Elemente der positiven Psychologie sind das Schaffen eines Flow-Zustandes (stammt aus der Glücksforschung und beschreibt die Kombination aus Höchstleistung und Arbeitszufriedenheit) oder das Engagement und die Wertschätzung der Mitarbeiter. Weiterhin zählt die Ressourcenorientierung dazu. Die wichtigsten Ressourcen eines Angestellten sind seine Fähigkeiten und sein Wissen. Bei der Ressourcenorientierung zielt man darauf ab, die individuellen Stärken auszubauen und diese mehr zu nutzen als die persönlichen Schwächen.

Beim wertorientierten Führen legt man seinen Fokus auf Grundwerte, die den Mitarbeitern wichtig sind. Erfüllt man diese Werte, kann man mit einer höheren Arbeitszufriedenheit rechnen. Natürlich kann man nicht alle sozialen Werte und Normen des Einzelnen treffen. Allerdings ist es meistens so, dass sich Bewerber nur bei Unternehmen bewerben, die mit ihren eigenen Werten übereinstimmen. Um dies vergleichen zu können, haben Unternehmen eine Vision. Dabei geht es um die Definition der Unternehmensgrundwerte, der herausfordernden Unternehmensziele und die langfristige Unternehmensvision. Führungskräfte sind dazu geneigt, eher Personen einzustellen, die ähnliche Werte vertreten, um das Unternehmensklima friedlich zu gestalten. Generell orientieren sich die Werte an Gesundheit und Ethik. Beides sind große Streitpunkte, bei denen die Meinungen weit auseinandergehen können. Daher ist es wichtig, klar zu vermitteln, auf welcher Seite man steht und was einem wichtig ist. Außerdem wird mittlerweile ein großer Fokus auf Diversity und Gender gelegt, um alle Mitarbeiter gemäß ihrer Identifizierung anzusprechen.

Grundlegend werden die Konzepte des positive Leaderships schon in zahlreichen Unternehmen in der

Praxis eingesetzt. Bekannte Unternehmen wie Ikea, Douglas oder Thalia bedienen sich aus dem Repertoire der Ansätze und Instrumente und bauen kontinuierlich eine positive Unternehmenskultur auf, die auch für den Konsumenten sichtbar wird.

Kompetenzen einer Führungskraft

Um geordnete Unternehmensabläufe und das Erreichen von Zielen gewährleisten zu können, bedarf es einer anständigen Führung. Führung beschreibt „eine zielbezogene, zwischenmenschliche Verhaltensbeeinflussung mithilfe von Kommunikationsmitteln" (Rosenstil, 2009). In anderen Worten geht es um die Koordination der Kommunikation zwischen einzelnen Bereichen, um Informationen auszutauschen und bereitzustellen.

Nicht jeder ist dazu geboren, eine gute Führungskraft abzugeben. Manche Persönlichkeitseigenschaften werden nicht gern bei Führungskräften gesehen (z. B. hohe Introversions- oder Neurotizismus-Werte). Daher gibt es einige Voraussetzungen, die man mitbringen sollte:

- Emotionale Voraussetzungen

  z. B. ein gutes Vertrauensverhältnis und Teambuildingmaßnahmen

- Fachkompetenz und bereichsspezifisches

Wissen

- Komplexitätsmanagement und Systemperspektive

  z. B. nachhaltige Strategien, Ressourcen beachten, Anleiten von Projekten

- Kenntnisse über Methoden des Projektmanagements

- Nachhaltigkeitskompetenz

  z. B. langfristig erfolgreiche Strategien entwickeln, um ressourcenorientiert zu handeln

- Lösungsorientierte Kommunikation im Führungsalltag

  z. B. „Was läuft gut und was kann man verändern, um effektiver zu arbeiten?"

- Organisation von Teamarbeit

Anhand dieser Vielzahl an Voraussetzungen wird deutlich, dass die Stelle als Führungskraft nicht so beneidenswert ist, wie sie klingt. Natürlich hat man eine höhere Stellung, mehr Macht über unternehmensinterne Prozesse und größere Anerkennung, allerdings muss man auch über die nötigen Eigenschaften verfügen, um den Job gut zu meistern. Der Alltag kann stressig werden und man muss immer in einem Zustand höchster Konzentration sein. Des Weiteren sollte sich jede Führungskraft bewusst machen, welche enorme Verantwortung sie hat. Ein kleiner Fehler kann größere ins Rollen bringen und das gesamte Unternehmen negativ beeinflussen.

PERSONALENTWICKLUNG

Es wurde bereits erläutert, warum es wichtig ist, dass sich die Wertesysteme der Mitarbeiter und des Unternehmens ähneln. Allerdings lässt sich diese vollkommene Übereinstimmung nur in seltenen Fällen erreichen. Anstatt jetzt potenzielle Bewerber abzuweisen, die nur in kleinen Aspekten nicht perfekt sind, sollte man an ihre Stärken glauben und ihnen eine Chance geben. Betriebe haben im Nachhinein immer noch die Möglichkeit, ihrem Personal Weiterentwicklungsmöglichkeiten anzubieten. Deshalb ist die Personalentwicklung so ein großer und wichtiger Bestandteil der Arbeits- und Organisationspsychologie.

Gerade in der heutigen Zeit, mit immer schnelleren technischen, sozialen und politischen Entwicklungen, müssen Organisationen flexibel sein, um weiterhin auf dem Markt bestehen zu können. Die Arbeitsanforderungen ändern sich fortwährend, weshalb man genug Zeit in Lernen, Diagnostik und Evaluation stecken sollte, um sein Personal optimal zu entwickeln.

Maßnahmen zur Personalentwicklung können individuell auf das Problem angepasst werden. Die bekanntesten sind allerdings Schulungen, Teambuildingmaßnahmen und Planspiele, Coachings, Trainings und Mentoring. Es gibt die Möglichkeit, die Weiterbildung zum Teambuilding allein zu absolvieren oder auch als Gruppe. Die Dauer ist auch verschieden. Eine Maßnahme kann nur einen Tag oder ein paar Stunden dauern, es ist aber auch möglich, über Wochen neue Kompetenzen aufzubauen.

Arbeitsanalysen

Bei der psychologischen Arbeitsanalyse geht es um die Analyse und Bewertung von Arbeitstätigkeiten und die Wirkung der Arbeitsbedingungen auf das Individuum. Die Hauptfunktion ist, den Gestaltungs- und Optimierungsbedarf herauszufinden und Probleme in den einzelnen Unternehmensbereichen präzise zu beschreiben, um folglich eine passende Lösung vorzuschlagen. Typische Bereiche, in denen eine Arbeitsanalyse durchgeführt wird, sind: die Arbeitsausführung und -organisation, die Gesundheit sowie motivationale und qualifikatorische Defizite der Mitarbeiter. Es geht darum, die Gesundheit und Motivation am Arbeitsplatz zu gewährleisten, damit eine optimale

Unternehmensleistung erbracht werden kann und die Ziele erreicht werden.

Neben routinemäßigen Arbeitsanalysen lohnt sie sich hauptsächlich in Bereichen mit einem hohen Fluktuations- und Krankheitsstand, bei stark standardisierten Abläufen, komplexen Tätigkeiten oder anderen Belastungen für die Ausführenden. Hier ist es am wahrscheinlichsten, dass sich die Mitarbeiter nicht wohlfühlen und sich etwas an den Arbeitsbedingungen oder den Glaubenssätzen ändern muss. Hat man einmal das Problem erkannt, kann man durch Personalentwicklungsmaßnahmen (siehe nächstes Kapitel) oder Umstrukturierungen Abhilfe leisten. Findet man beispielsweise heraus, dass die Mitarbeiter sich ausgebeutet und unsicher fühlen, kann man neue Lohnvereinbarungen besprechen und neue Sicherheitsstandards einführen.

Um an die Daten zu kommen, gibt es verschiedene Möglichkeiten. Entweder nutzt man (schriftliche oder mündliche) Befragungen, Beobachtungs-daten, Interviews, Simulationen oder (physiologische oder physikalische) Messmethoden.

Erstellen von Entwicklungsmaßnahmen

Zu Beginn einer jeden neuen Maßnahme steht die Bedarfsanalyse. Laut Schuler wird dort ermittelt, wie die

Qualifikationen der Mitarbeiter in der Zukunft aussehen sollten (Soll-Zustand) und wie der Stand heute ist
(Ist-Zustand). Es handelt sich hierbei um eine Arbeitsanalyse. Dadurch wird klar, was man in einer bestimmten Zeit erreichen möchte, und das Ziel der Maßnahme
wird deutlicher.

Danach folgt die lernzielorientierte Seminarkon-
zeption. Hier stellt die Personalabteilung genaue Ziele
auf, die sie durch die Entwicklung anstreben. Die Ziele
sind in Richtlern-, Groblern- und Feinlernziele unterteilt. Richtlernziele beschreiben die allgemein ange-
strebte Richtung oder auch Rahmenvorgaben. Zum
Beispiel möchten Sie etwas über Wirtschaftspsychologie lernen. Groblernziele sind Oberziele bzw. das End-
verhalten. In Ihrem Fall die Frage, was Wirtschaftspsychologie überhaupt ist (Antwort: BWL, Psychologie,
Methodik). Feinlernziele sind die präzisen Lernziele im
Detail, oft auch die einzelnen Lernschritte. Für das Beispiel wäre das: Was braucht man für die Statistik genau? (Antwort: t-Test). Allgemein gilt: Je genauer das
Ziel definiert ist, desto besser ist es für alle Beteiligten.

Als dritter Schritt folgt der Transfer. Durch Trainings sollten die Trainierenden lernen und das Wissen
behalten. Kurz nach der und während der Entwicklungsmaßnahme ist dies noch leicht. Die eigentliche

Herausforderung ist allerdings die Umsetzung in die Praxis. Nach der Maßnahme ist es wichtig, dass das Wissen verallgemeinert und erhalten wird, um es nachhaltig und langfristig zu nutzen. Um das zu gewährleisten, kann man die Lerninhalte während des Seminars immer wieder auf den Alltag beziehen oder Fallbeispiele und Übungen einbauen. Weiterhin sind Nachbetreuungen oder Follow-up-Workshops empfehlenswert, um das Wissen neu aufzufrischen.

Der letzte Punkt ist die Evaluation. Hier wird geschaut, ob sich die Diskrepanz zwischen Ist- und Soll-Zustand aufgehoben hat und die Maßnahme ein Erfolg war. Falls dies nicht der Fall ist, muss von vorn angefangen und etwas Neues konzipiert werden.

Personalentwicklung als kontinuierlicher Lernprozess

Eine Entwicklungsmaßnahme ist gerade zum Ende gekommen, alle Ziele wurden erreicht und der Vorgesetzte ist glücklich. Und nun? Kann jetzt alles so gelassen werden und es muss kein lästiger Gedanke an Verbesserungsmethoden verschwendet werden? Nein, so leicht funktioniert das leider nicht. Um als Unternehmen dauerhaft gute Leistungen zu erzielen und den raschen Marktveränderungen trotzen zu können, ist es wichtig, kontinuierlich weitere

Verbesserungsvorschläge zu entwickeln und nicht einfach an einem Punkt stehen zu bleiben.

Personalentwicklung ist ein ewiger Lernprozess. Wird eine Phase erfolgreich beendet, geht der Kreis von vorn los und es werden neue Ideen geplant und umgesetzt. Dabei knüpft man an vorausgegangene Erfahrungen an. Welche Methoden haben einen besonders positiven Effekt erzielen können und welche haben nur kurzfristig eine Wirkung gezeigt? Die Personalabteilung sollte ständig auf der Hut sein, in welchem Bereich Bedarf zur Verbesserung besteht, und muss abwägen, wie relevant aufkommende Probleme sind.

In den meisten Fällen werden Personal-entwicklungsmaßnahmen bei angestellten Mitarbeitern durchgeführt. Um den gewünschten Soll-Zustand zu erreichen, muss sich der einzelne Mitarbeiter darauf einlassen. Er braucht eine Lernbereitschaft, die kognitiven Voraussetzungen und einen persönlichen Bezug zu dem zu lösenden Problem. Lernprozesse basieren auf Gedächtnis-, Aufmerksamkeits- und Informationsverarbeitungsprozessen. Daher schlagen die Methoden bei jeder Person unterschiedlich an. Es kann vorkommen, dass zwei Personen mit dem gleichen Willen etwas zu lernen nach der Maßnahme differenzierte Ergebnisse erhalten, weil sie Unterschiede in den kognitiven Fähigkeiten aufweisen. Deshalb ist es schwer, Lernprozesse zu steuern. Als Personalleiter kann man sie allerdings initiieren und Impulse setzen, die in jedem Fall eine Weiterentwicklung hervorrufen. Weiterhin wurde bewiesen, dass es beim Erfolg von Entwicklungsmaßnahmen viel um zwischenmenschliche Beziehungen geht. Veränderungen bauen auf das Vertrauen zwischen dem Trainer und den Lernenden auf. Findet man den Trainer sympathisch, strengt man sich automatisch mehr an, um ihm einen Gefallen zu tun und ein guter Schüler zu sein. Ist dies aber nicht der Fall, wird einem die Maßnahme schneller gleichgültig und man stuft sie nicht so wichtig ein. Daher sollte neben Transparenz und Professionalität auch ein verständnisvolles sowie vertrauenerweckendes Auftreten eine große Rolle spielen.

Die Psychologie hinter Trainings

Psychologische Erkenntnisse werden gern in Trainings eingebaut, um näher am Menschen zu arbeiten. Bei Teambuildingmaßnahmen nutzt man gern die Gruppendynamik. In der Gruppe verlieren Menschen ihre Hemmungen und sprechen ihre Probleme und Vorstellungen eher aus als allein. Anfangs kann es noch zu Nervosität oder Anspannung kommen. Hier ist es für den Trainer wichtig, die vertrauensvolle Atmosphäre hervorzuheben und die Angst zu nehmen. Sobald eine Person sich dann traut und ihre Probleme öffentlich teilt, legen die anderen nach. Diesen Effekt nennt man in der Psychologie „Schneeballeffekt". Durch Reaktion und Gegenreaktion der Teilnehmer werden Gedanken vertieft und Widerstände durch die Gesprächsdynamik reduziert. Dabei können tiefer liegende Einstellungen und Motive sichtbar gemacht werden, die schon lange bestehen, aber aus Angst vor negativen Konsequenzen nie zum Vorschein gekommen sind. Weiterhin ist das Kreativitätspotenzial in Gruppen erhöht und die Teilnehmer werden aktiver. Durch aktive Gestaltung des Prozesses werden die gelernten Inhalte besser erinnert und in der Praxis angewendet.

Handelt es sich um Maßnahmen, die jede Person einzeln durchleben muss, kann man die Gruppenprozesse nicht zu seinem Vorteil nutzen. Glücklicherweise kann man auch in einem Einzelsetting Methoden anwenden, die das Lernvermögen steigern. Hier werden oft aufmerksamkeitssteigernde Faktoren zurate gezogen, wie beispielsweise eine bestimmte Szenerie oder Überraschungseffekte. Wenn das Lernsetting so gestaltet ist, dass sich die Person wohlfühlt, kann sie sich

eher fallen lassen und die Informationen besser auf-
nehmen. In der Praxis zeigen sich damit höhere Lern-
effekte als bei Lernsettings, in denen sich die Teilnehmer unwohl und beklemmt gefühlt haben. Ähnlich
gute Effekte zeigen sich bei Lernsettings, die an den eigenen Arbeitsplatz erinnern. Durchlebt man an so einem Ort eine Entwicklungsmethode, ist die Wahrscheinlichkeit größer, dass man das Gelernte in der
Praxis besser erinnern kann und die Handlungen, ohne
groß nachzudenken, schnell abgerufen werden. Daneben sorgen Überraschungseffekte für eine erhöhte Er-
innerungswahrscheinlichkeit. Kommt es zu unerwar-
teten Reizen, wie Wortwitz oder Humor, kann sich der
Teilnehmer die damit vermittelten Informationen länger merken.

Auswahlkriterien für die Personalentwicklung

Bei der Analyse, in welchen Unternehmensbereichen
Personalentwicklungsmaßnahmen notwendig sind,
können viele Problemstellen auftauchen. Allerdings ist
es fast unmöglich, alle Probleme gleichzeitig anzu-
packen und nicht die Orientierung zu verlieren. Um die
Maßnahmen nach Wichtigkeit zu terminieren und
nacheinander abzuarbeiten, gibt es Auswahlkriterien,
an die sich die Personalabteilung hält. Neben den Re-
ferenzen, der Qualität und den Kosten der Entwicklung

nehmen auch die Bewertungskriterien eine entscheidende Rolle ein. Sie werden im Vorfeld bestimmt, damit man weiß, wie gut man die Effekte messen und evaluieren kann. Ist es der Fall, dass die Effekte nur ungenau gemessen werden können oder zu klein sind, rutscht die Maßnahme weiter nach unten und es werden die mit größeren Lernerfolgen vorangestellt. Weiterhin wird überlegt, ob eine Maßnahme nur zum Spaß für die Mitarbeiter durchgeführt wird, damit diese ein stärkeres Verbundenheitsgefühl spüren, oder ob es einen inhaltlich relevanten Bezug gibt. Probleme, die mit dem falschen Inhalt bzw. Vorgehen bestimmter Unternehmensprozesse einhergehen, werden priorisiert, weil sie der Organisation im Ganzen mehr Nutzen erbringen.

Beispiel einer Personalentwicklungsmaßnahme: Das Planspiel

Eine sehr bekannte und gern verwendete Methode ist das Planspiel. Es wird verwendet, um zu untersuchen, wie sich Personen in schwierigen eigendynamischen Situationen verhalten. Zu Beginn wird ein imaginärer Sachverhalt geschildert, der ein komplexes Problem beinhaltet. Das Problem kann dynamisch, vernetzt, intransparent oder vielseitig sein, wodurch es schwer zu verstehen ist. Die Teilnehmer müssen sich in das

Problem hineinversetzen und versuchen, es so gut wie möglich zu lösen. Dadurch kann man beispielsweise in Teams sehen, wer die Führung übernimmt, wer erst einmal ausprobiert und danach nachdenkt oder wer eher in die Beobachterrolle geht. Im Nachhinein wird der Lösungsvorschlag evaluiert und die Teilnehmer bewertet. Planspiele sollen bewusst Stress hervorrufen und die Resilienz und Rationalität der Teilnehmer testen. In Situationen, die schnell abgehandelt werden müssen, bei denen viele Informationen einströmen und großer Handlungsdruck besteht, machen selbst die intelligentesten Menschen einen Fehler. Allerdings ist das Ziel des Planspiels nicht, auf die richtige Lösung zu kommen, sondern der Weg dahinter und die Vorschläge der Personen.

Anhand dieser Beobachtungen können neue Führungskräfte bestimmt werden, die auch in stressigen Phasen den Durchblick behalten und ihr Team unter Kontrolle haben. Doch auch die Personen, die im Planspiel nicht so gut abgeschnitten haben, lernen in jedem Fall daraus. Allein die Erfahrung stärkt die eigene Persönlichkeit und wirkt sich positiv auf nachfolgende stressige Situationen aus. Mit der abschließenden Evaluation darf sich jeder nochmals selbst reflektieren und Macken erkennen, an denen man arbeiten kann. Bei

Planspielen handelt es sich um emotional bedeutsames Lernen. Die Teilnehmer spüren die Krisensituation und den Handlungsdruck. Durch die eigens erfahrenen Emotionen erinnert man sich bei realen Problemen eher an das Gelernte, kann sich selbst beruhigen und rationaler handeln.

FAZIT: ARBEITS- UND ORGANISATIONSPSYCHOLOGIE

Wie Sie beim Lesen des vorherigen Kapitels sicherlich bemerkt haben, ist die Arbeits- und Organisationspsychologie als Teilgebiet der Wirtschaftspsychologie sehr vielschichtig. Sie bestimmt jeden Bereich eines Unternehmens und ist maßgeblich für die Unternehmenskultur verantwortlich. Um in der Personalabteilung richtige Entscheidungen zu treffen, ist der psychologische Blickwinkel wichtig. Menschen sind so viel mehr als ihre äußere Erscheinung und es ist von größter Wichtigkeit, hinter ihre Kulissen zu blicken. Die Bedürfnisse, Wünsche, Ängste und Einstellungen des Individuums beeinflussen nicht nur seine privaten Entscheidungen und Umfeld, sondern auch das am Arbeitsplatz. Manchmal ist es nicht genug, eine scheinbar attraktive Maßnahme einzuläuten, um das Personal motiviert und leistungsfähig zu erhalten. Jeder Mensch tickt anders und man kann keine Ansprüche verallgemeinern. Manche lechzen nach Verantwortung und der Möglichkeit, selbst zu entscheiden und innovative Methoden anzuwenden, andere fühlen sich mit geregelten Arbeitsabläufen wohl, bei denen die Aufgaben klar sind, und sie diese einfach nur zu erfüllen haben. Manche sehen ihren Lebenssinn im Arbeiten und konzentrieren sich nur auf ihre Karriere, andere sehen ihre Arbeit nur als einen kleinen Teil im Leben und würden andere Bereiche priorisieren.

Diese Erkenntnisse, dass wir nicht alle gleich sind, schenkt uns die Arbeits- und Organisationspsychologie. Sie schlägt uns Methoden vor, wie wir ein schönes Arbeitsklima gestalten, jeden Mitarbeiter individuell kennenlernen können und dieses Wissen zur Strukturierung der Organisation nutzen können. Die Erkenntnis, dass der Mitarbeiter maßgeblich für den Erfolg eines Unternehmens verantwortlich ist, ist immer zu bedenken. Führungskräfte und Gehälter können noch so gut sein, wenn der Mitarbeiter nicht motiviert ist oder aus gesundheitlichen Gründen keine Höchstleistung erbringen kann, legt sich der Unternehmer selbst Steine in den Weg zum Erfolg.

Durch die Beschäftigung mit den Beziehungen,

Menschen und ihrer Arbeit oder der Menschen innerhalb ihres Arbeitsumfeldes erfährt man viel über das
Unternehmen. Aufgrund der langen Geschichte der
Arbeits- und Organisationspsychologie sind viele Modelle entstanden, die heute noch in der Praxis angewendet werden oder wegen fehlender Beweislage wieder verworfen wurden. Wirtschaftspsychologen werden gern eingestellt, weil sie über die wissenschaftlich
belegten Methoden Bescheid wissen und dabei helfen
können, organisationsinterne Prozesse zu optimieren.
Sie befassen sich unter anderem mit der Personalauswahl, -entwicklung oder mit den einhergehenden
Ängsten vor Veränderungen des Arbeitsplatzes.

Markt- und Konsumpsychologie

D er zweite Teilbereich der Wirtschaftspsychologie ist die Markt- und Konsumpsychologie. Auch sie ist mit ihren speziellen Erkenntnissen und Effekten äußerst wichtig für den Erfolg der Unternehmen. Es gibt immer mehr gesättigte Märkte, auf denen sich die einzelnen Anbieter kaum differenzieren können. Es wird um die Aufmerksamkeit der Konsumenten gewetteifert und jeder will seinen Marktanteil ausbauen und die Konkurrenten ausschalten. Warum die Wirtschaftspsychologie für die Erreichung solcher Ziele empfehlenswert ist, erfahren Sie im folgenden Kapitel.

WAS IST DER GEGENSTAND DER MARKT- UND KONSUMPSYCHOLOGIE?

Fragt man Laien nach der Bedeutung dieses Wortes, werden sie vermutlich antworten, dass man den Märkten psychologische Betreuung anbietet oder sie analysiert. Der Teil mit dem Analysieren stimmt zwar, aber die psychologische Betreuung ist kompletter Unsinn, auch wenn die Vorstellung eines depressiven Marktes ziemlich amüsant ist. Die eigentliche Definition des Wortes lautet wie folgt:

> *„Die Markt- und Konsumpsychologie ist ein Teilgebiet der Wirtschaftspsychologie, welches das Erleben und Verhalten aller am Markt beteiligten Personen zum Gegenstand hat. Die Beteiligung kann dabei direkt (z. B. als Anbieter/Nachfrager von Produkten, Dienstleistungen oder Ideen) oder indirekt (z. B. als gesetzgebender Politiker, rechtsprechender Jurist oder als*

Funktionär eines Verbandes) sein." (Dichtl & Issing, 1994)

Kurz gesagt, analysiert man hier nicht die unternehmensinternen Prozesse wie bei der Arbeits- und Organisationspsychologie, sondern die Prozesse nach der Produktion, wo es an den Verkauf auf dem Markt geht. Im Fokus stehen die Menschen beim Erwerb, der Auswahl, dem Kauf und der anschließenden Nutzung eines Produktes oder einer Dienstleistung. Die Motive hinter den Entscheidungen spielen eine große Rolle für den Hersteller, um sein Produkt bestmöglich zu vermarkten und seine Absatzziele zu erreichen. Mit der Bestimmung von Motiven kann man einzelne Zielgruppen ausmachen, die gesondert angesprochen werden können. Daher beschäftigt sich die Markt- und Konsumpsychologie mit den Faktoren, warum bestimmte Marken oder Produkte die Aufmerksamkeit auf sich ziehen und welche psychischen Prozesse unterbewusst dahinterstecken.

Damit die potenziellen Konsumenten ein Produkt auch wirklich kaufen, ist ihre Einstellung zu der Marke wichtig. Sie muss glaubwürdig und attraktiv sein. Weiterhin sollte es mindestens ein Merkmal geben, was sie von der Konkurrenz hervorhebt und einzigartig macht.

Durch die Schnelllebigkeit unserer Gesellschaft beschäftigen sich Konsumenten nicht lange mit Werbung und sehen höchstens einige Sekunden auf ein Werbeplakat, bevor die Augen weiter zum nächsten hinüberschweifen. Dieses Verhalten stellt die Unternehmen vor die große Herausforderung, dass Konsumenten ihre Marke oder ihr Produkt vor Augen haben und eher kaufen würden als die der Konkurrenz. Wurde einmal ein Kauf getätigt, steht man vor der neuen Herausforderung der Kundenbindung. Langfristige Kundenbeziehungen sparen dem Unternehmen Geld, weil man bereits Informationen über sie gesammelt hat und nicht in Analysen investieren muss. Außerdem hat man die Gewissheit, dass wenigstens ein kleiner Teil der potenziellen Konsumenten immer zu dem Produkt greift und man Gewinne einfährt.

Die Markt- und Konsumpsychologie ist eng mit dem Marketing verbunden. Sie ist die Grundvoraussetzung, gute Marketingentscheidungen zu treffen. Man nutzt sie zur Recherche über Konsum-entscheidungen, Zielgruppen, Konkurrenten und Marktveränderungen. Daraufhin kann man die gesammelten Ergebnisse in die Marketingstrategien implementieren und an den Punkten ansetzen, die man ermittelt hat. Die Vermarktung kann viel gezielter stattfinden und verspricht mehr Erfolg im Sinne der Kundenakquirierung. Deshalb ist es sinnvoll, zuerst das Konsumentenverhalten zu verstehen, bevor man sich mit den Marketingentscheidungen beschäftigt.

WAHRNEHMUNG UND AUFMERKSAMKEIT

Die Supermarktregale stehen voll mit unterschiedlichen Produkten diverser Marken, die alle denselben Zweck erfüllen. Konsumenten nehmen sich nicht die Zeit, alle Möglichkeiten genau anzuschauen, die Inhaltsstoffe durchzulesen oder die Preise zu vergleichen. Aus Bequemlichkeit wählen sie oft das Produkt, was am meisten heraussticht oder worüber sie schon einmal etwas gehört haben. Daher ist es für die Marketingabteilung wichtig zu erkennen, in welche Richtung der Blick zuerst geht, um die Aufmerksamkeit der Konsumenten auf ihr Produkt zu leiten und Entscheidungsprozesse zu aktivieren. Um die Schritte der Wahrnehmung aufzubauen, gibt es unterschiedliche Modelle, die den Prozess vom ersten Berührungspunkt bis zum Kauf beschreiben.

Das AIDA-Modell
Das wohl bekannteste Modell ist das AIDA-Modell.

Ursprünglich stammt es aus der Werbepsychologie und beschreibt die Ziele und Wirkung von Werbemitteln. Dabei sind vier Ebenen für den Entscheidungsprozess der Konsumenten relevant, die mit ihren Anfangsbuchstaben das Akronym „AIDA" bilden:

- Attention: In der ersten Stufe besteht das Ziel, dass das Produkt bzw. die Dienstleistung Aufmerksamkeit beim Kunden oder einer Zielgruppe erregt. Das kann man zum Beispiel durch emotionale Reize (Kinder oder Erotik), überraschende Reize (Widerspruch zwischen Bild und Text) oder besonders große und bunte Reize sein. Durch die Aufnahme der Reize wird der Kaufprozess aktiviert und die Konsumenten beginnen, über das Produkt nachzudenken. Der Kunde wird neugierig und möchte mehr über Produkt und Marke erfahren.

- Interest: Hat man die Aufmerksamkeit der (potenziellen) Konsumenten, möchte man durch erfolgreiche Marketingbotschaften ihr Interesse aufrechterhalten. Hier ist es wichtig, die Bedürfnisse und Wünsche der Zielgruppe zu kennen, um sie direkt zu treffen. Interesse kann man vor allem mit passenden Werbebotschaften oder Versprechen wecken, die scheinbar die Probleme der Konsumenten lösen lassen. Eine andere Möglichkeit ist es, das Alleinstellungsmerkmal des eigenen Unternehmens hervorzuheben. Zum Beispiel: „Über 100 Marken zu günstigen Preisen."

- Desire: Nun verwandelt sich das Interesse in den Wunsch, das Produkt zu besitzen und es entsteht ein Bedürfnis, welches befriedigt werden muss. Dieses Verlangen erzeugt man zum Beispiel, indem man aufzeigt, was dem Konsumenten durch einen verweigerten Kauf entgeht oder was er verlieren könnte.

- Action: In der letzten Stufe wird der Kunde aktiv zur letzten Entscheidung zum Produktkauf angestiftet. Hier kann man Reize setzen, um den Kunden zum Kauf aufzufordern. Im Laden könnten das beispielsweise Reduzierungssticker oder Angebotsschilder sein. Der Kunde ist motiviert, das Produkt jetzt sofort zu kaufen, weil ihm sonst das Angebot entwischt und er diesen Kauf als Gewinn erlebt. Im Onlinehandel werden oft „Kaufen"-Buttons platziert, damit der Kunde gar nicht die Möglichkeit bekommt, die Seite vor einem abgeschlossenen Kauf zu verlassen.

Das AIDA-Modell wird hauptsächlich im klassischen Marketing angewendet, wie Anzeigen oder persönliche Verkaufsgespräche. Es zielt immer darauf ab, ein Produkt oder eine Dienstleistung zu verkaufen und die Kontaktdaten des Kunden für spätere Käufe aufzunehmen. Allerdings sind die vier Phasen in der Praxis nicht so genau zu trennen. Oft gibt es Wechselwirkungen zwischen zwei Punkten. Beispielsweise kann auch ein Reiz schon der Förderung des Kaufinteresses dienen. Weitere Kritikpunkte sind das Fehlen des sozialen Einflusses und dass es nicht den realen Entscheidungsprozessen entspricht.

Das S-O-R-Modell

Um die menschlichen Verhaltensmuster bei Marketingentscheidungen besser zu berücksichtigen, wurde das S-O-R-Modell, ausgesprochen Stimulus-Organismus-Reaktion, entwickelt. Im Alltag begegnen uns ständig kontrollierte oder unkontrollierte Stimuli, welche wir bewusst oder unbewusst wahrnehmen und auf das menschliche Gehirn treffen. Im Organismus angekommen, werden sie mithilfe einer Vielzahl unterschiedlicher Variablen verarbeitet. Auf die Verarbeitung folgt dann die Reaktion. Im wirtschaftlichen Kontext beschreibt die Reaktion meistens eine Kaufentscheidung.

Gucken wir uns die einzelnen Phasen eines menschlichen Entscheidungsprozesses doch noch einmal genauer an:

- **St**imulus: Stimuli sind direkt beobachtbar und stellen den Anfangspunkt für die Wahrnehmung dar. Es gibt kontrollierte Stimuli, die hauptsächlich über Elemente des Marketings wiedergegeben werden. Dazu zählen das Produkt, der Preis, die Kommunikation oder die Distribution, die man attraktiv gestalten kann, um die Wahrnehmung anzuregen. Daneben bestehen die unkontrollierten Stimuli aus der Umwelt. Dazu zählen situative Faktoren, wie das soziale oder physische Umfeld.
Beispiel: Beim Wocheneinkauf entdeckt man eine neue Schokolade mit einem interessanten Geschmack und attraktiver Verpackung.

- **O**rganismus: Anhand der aufgenommenen Stimuli werden Informationen gewonnen und anschließend verarbeitet. Die Prozesse im menschlichen Gehirn sind nicht direkt beobachtbar. Aktivierende und kognitive Prozesse spielen eine entscheidende Rolle. Zu den aktivierenden Prozessen zählen Emotionen, Motivationen und Einstellungen,

Entscheidungen, Wahrnehmungen und Lernprozesse zählen zu den kognitiven.

Beispiel: Die Schokolade wird im Regal wahrgenommen und aufgrund der positiven Erfahrungen mit der Marke ebenfalls positiv bewertet.

- Reaktion: Nach der Verarbeitung der Stimuli folgt das Verhalten, welches als Folge der gegebenen Informationen und Bewertungen innerhalb des Organismus auftritt. Die Reaktion ist ebenfalls direkt beobachtbar und zeigt sich beispielsweise in der Produktwahl, der Kaufmenge oder der Einkaufsstättenwahl.

Beispiel: Der Konsument tätigt wegen der positiven Bewertung einen impulsiven Kauf und nimmt die Schokolade mit.

Das S-O-R-Modell beschreibt die Prozesse innerhalb des menschlichen Organismus realitätsnäher als das AIDA-Modell und wird verwendet, um das Kaufverhalten und die Entscheidungsprozesse der Konsumenten nachzuvollziehen. Die Erkenntnisse können dann in die Marketingentscheidungen einfließen.

Wahrnehmungen
Die Wahrnehmung ist der Mittelpunkt der

Informationsverarbeitung. Durch sie werden aufgenommene Umweltreize zusammen mit den inneren Signalen entschlüsselt. Durch die Entschlüsselung bekommen die aufgenommenen Reize einen Sinn für das Individuum. Grundsätzlich beschreibt die Wahrnehmung die subjektive Deutung von Sinnesreizen mit dem Bezug zu früher Gelerntem und Erfahrenen. Sie ist subjektiv, weil die eingehenden Informationen stets der eigenen Interpretation und Bewertung unterliegen. Jeder Konsument baut sich aus der objektiven Realität seine eigene, subjektive Realität. Daher weichen die inneren Bilder von Konsumenten zu Konsumenten ab und können nicht verallgemeinert werden. Ein weiteres Merkmal der Wahrnehmung ist die Selektivität. Aus der Vielzahl eingehender Stimuli filtert das Individuum nur einen kleinen Teil heraus, da das Gehirn nur über eine begrenzte Informationsverarbeitung des Kurzzeitgedächtnisses verfügt.

AKTIVIERENDE PROZESSE, MOTIVE UND ZIELE

Es gibt zahlreiche Versuche dazu, wie sich das Verhalten von Menschen bestmöglich vorhersagen lässt. Jedoch stellt sich dies als schwierig heraus, da viele komplexe Systeme zusammenwirken. Es gibt Organismus-Variablen, die das Verhalten von innen steuern. Dazu zählen: Stimmungen, Emotionen, Motivationen und (unbewusste) Motive. Das Verhalten wird aber auch von der Umwelt beeinflusst. Je nachdem, in welchem Kontext wir uns entscheiden müssen, kann die Wahl ganz anders ausfallen.

Motivsysteme

Jeder Mensch hat individuelle Motive. Sie sind zeitlich sehr stabil und können nur schwer rückgängig gemacht werden. Durch Werbung versucht man, die bestehenden Motive der Konsumenten anzusprechen, man kann aber nur schwer neue entwickeln. Motive können dem Individuum bewusst oder unbewusst sein und in ihrer Stärke variieren. Schwache Motive benötigen größere Anreize von außen als stärkere. In der Markt- und Konsumpsychologie unterscheidet man in drei Primärmotive, die uns im Leben antreiben und steuern:

- Sicherheit: Bei dem Sicherheitsmotiv strebt der Mensch nach Zugehörigkeit, Stabilität, Bindungen und Ruhe. Dieses Motiv ist die stärkste Kraft im Gehirn des Konsumenten. Das größte Ziel ist die Vermeidung von Unsicherheit und Disharmonie. Wird dieses Motiv erfüllt, erlebt der Konsument Geborgenheit. Wird das nicht erreicht, kann es zu Angst und Panik kommen.

Werbungen für Medikamente, Nahrungsergänzungsmittel oder Versicherungen gelten als typisch für das Ansprechen des Sicherheitsmotivs.

- **Erregung**: Das Erregungsmotiv umfasst die Suche nach Abwechslung und intensiven Erlebnissen. Man hat das Bedürfnis, Gewohntes zu verlassen, neue Reize zu entdecken und Langeweile zu vermeiden. Erfüllt die Werbung dieses Bedürfnis, verspürt der Kunde Spaß und ein Prickeln auf der Haut. Ist dies nicht der Fall, ärgert er sich und ist unzufrieden.

  Typisch für dieses Motiv sind Erlebnisreisen, Computerspiele und auch Limited Editions.

- **Autonomie**: Menschen mit einem ausgeprägten Autonomiebedürfnis wollen mit anderen konkurrieren, um sie zu dominieren und ihren sozialen Status zu zeigen. Sie streben nach eigener Macht und wollen aus der Masse herausstechen. Bei Erfüllung des Motivs erlebt der Konsument Stolz und ein Überlegenheitsgefühl. Wenn es nicht erfüllt wird, ist er enttäuscht und niedergeschlagen.

Dieses Motiv wird durch alle Statusprodukte (z. B. Markenkleidung, Parfum, teure Autos) angesprochen.

Sowohl das Autonomie- als auch das Erregungsmotiv sind optimistisch und die aktivierenden Motivsysteme beim Konsumenten. Das Sicherheitssystem hingegen nimmt die pessimistische, passive Rolle ein. Beim Kauf eines teuren Produktes ermutigen uns das Autonomie- und Erregungsmotiv dazu, ein Risiko einzugehen und das Geld auszugeben. Allerdings hat die Sicherheit auch noch ein Wörtchen mitzureden und wehrt sich dagegen, das Geld auszugeben. Es mahnt uns eher zur Sparsamkeit und Vorsicht. Dieser innere Kampf der Motive findet bei jedem Kauf von Neuem statt und es kommt auf die Situation an, welches die Überhand gewinnt.

Diese drei Primärmotive treten unbewusst auf. Ein Mensch, der eine Versicherung abschließt, denkt nicht daran, dass er damit sein erhöhtes Bedürfnis nach Sicherheit befriedigt. Neben den unbewussten Motiven, die nur durch unser Verhalten zum Vorschein kommen, gibt es auch Motive, die wir uns bewusst setzen. Hierbei spricht man von Zielen. Sie sind

Langzeitperspektiven in der Motivation. Setzen wir uns Ziele, sind wir viel motivierter, daran zu arbeiten und nicht aufzugeben. Deshalb besteht eine Korrelation zwischen dem Setzen von Zielen und einer hohen Lebenszufriedenheit. Menschen setzen sich ihre Ziele mit einem Grund. Erreicht man dann das Ziel, erlebt man einen Zustand von Vollkommenheit und Überlegenheit, weil man mit harter Arbeit so viel geschafft hat. Ziele und das jeweilige Motiv dazu müssen synchron miteinander sein, um sie erreichen zu können.

DIE PSYCHOLOGIE DER KAUFENTSCHEIDUNGEN

Jeder Kauf ist anders. Entscheidungsprozesse beginnen bei jedem neuen Produkt von vorn und andere Motive spielen plötzlich eine Rolle. Daher ist es für die Marketingabteilung wichtig herauszufinden, auf welche Art und Weise bei der Wahl eines Produktes entschieden wird. Generell unterscheidet man im Marketing in vier Arten von Kaufentscheidungen.

Beginnen wir mit der extensiven (bzw. echten) Kaufentscheidung. Der Konsument ist stark in den Kaufprozess involviert und informiert sich aktiv vor dem Kauf. Durch den hohen Zeitaufwand der

Informationssuche dauert die Kaufentscheidung in der Regel etwas länger. Des Weiteren ist es dem Konsumenten wichtig, die beste Alternative zu finden und kein Kaufrisiko einzugehen. Extensive Kaufentscheidungen treten hauptsächlich bei einem erstmaligen Kauf eines langlebigen, teuren Gebrauchsgutes auf. Zum Beispiel vor dem des ersten Autos oder Hauses.

Weiterhin gibt es die limitierte (bzw. vereinfachte) Kaufentscheidung. Im Vergleich zur extensiven Entscheidung ist der Konsument nicht so stark involviert und opfert nicht viel Zeit zum Produktvergleich. Der Grund dafür ist, dass er bezüglich des betreffenden Produktes schon Erfahrungen hat und diese nutzen kann. Diese internen Informationen bestimmen die Entscheidung maßgeblich. Hat dem Kunden ein vorheriges Produkt der Marke gut gefallen, bewertet er folgende Produkte ebenfalls gut und würde diese den Alternativen vorziehen. Externe Information werden nur verwendet, wenn das vorhandene Wissen nicht genügt. Limitierte Entscheidungen werden getroffen, wenn ein Konsument sich wiederholt ein langlebiges Gebrauchsgut kauft. Wenn er vorher jahrelang einen VW gefahren ist und damit zufrieden war, wird er VW den anderen Marken vorziehen. Durch einen erneuten Kauf bindet er sich an die Marke.

Die dritte Entscheidungsform ist die habitualisierte (bzw. gewohnheitsmäßige). Wie der Name schon sagt, wird eine bestimmte Option zum wiederholten Mal gekauft. Der Konsument denkt vor dem Kauf nicht viel nach und wählt ein Produkt aus reiner Gewohnheit. Er hat zahlreiche Erfahrungen gesammelt und Verhaltensweisen etabliert, weshalb er festen Entscheidungsmustern folgen kann. Beim Kauf empfindet er kein Risiko, weil er weiß, was ihn erwartet. Diese Art der Kaufentscheidung findet man vor allem bei häufig gekauften Gütern des täglichen Bedarfs, wie einer bestimmten Brotsorte oder Gesichtspflege.

Zuletzt gibt es die impulsiven (bzw. ungeplanten) Käufe. Durch aktivierende Reize wird der Konsument auf ein Produkt aufmerksam, was er eigentlich gar nicht kaufen wollte. Er agiert nicht bewusst, sondern automatisch auf die wahrgenommenen Umweltreize und kauft ein Produkt, ohne darüber nachzudenken. Die Aufgabe des Marketings besteht darin, Produkte so zu gestalten, dass sie den Kunden aktivieren, und setzt besonders starke Stimuli ein, zum Beispiel bunte Verpackungen oder auffällige Werbungen. Impulsive Käufe werden hauptsächlich bei preiswerten Gütern, die Genuss versprechen, getroffen (z. B. Eis, Süßigkeiten).

DIE FEHLENDE SELBSTBE-STIMMTHEIT DER KONSUMENTEN

Durch einfache Maßnahmen kann man den Kunden genau dahin bewegen, wo man ihn haben möchte: zum Kauf eines Produktes. Oft erkennen die Konsumenten die Manipulationstechniken nicht und werden unbewusst Opfer der Marken. Auch wenn sie denken, dass sie die Entscheidung nur von sich aus getroffen haben, spielen die Attraktivität oder die Erfahrung über ein Produkt eine große Rolle. Im Alltag müssen Entscheidungen oft schnell gehen. Beim Wocheneinkauf kann man nicht bei jedem Produkt fünf Minuten überlegen, ob es jetzt gekauft wird oder nicht. Wir nehmen Informationen nur selektiv wahr und unterliegen kognitiven Verzerrungen. Entscheidungen werden anhand bestimmter Faustregeln (Heuristiken) getroffen, um Zeit zu sparen.

Die Verfügbarkeitsheuristik

Bei der Verfügbarkeitsheuristik orientiert man sich an der Fragestellung, was oft vorkommt. Neben der Anzahl ist auch die Flüssigkeit, mit der eine Information in den Sinn kommt, entscheidend. Wenn eine Information immer und immer wiederholt wird, ist sie für uns leicht verfügbar und wir können sie gut aus dem Gedächtnis aufrufen. Allerdings kommt es nicht allein darauf an, dass wir uns an einen Sachverhalt erinnern, sondern auch, wie leicht er uns eingefallen ist. Ein sehr bekanntes Experiment zur Verfügbarkeitsheuristik stammt von dem Psychologen Daniel Kahnemann. Er teilte Personen beliebig auf zwei Gruppen ein. Die erste Gruppe sollte 6 positive Eigenschaften über sich selbst aufzählen, wohingegen die zweite 12 nennen musste. Die zweite Gruppe hatte es schwerer, Informationen zu generieren, da sie mehr Beispiele brauchte, deshalb war die Flüssigkeit dieser Gruppe nur gering. Nach dem Versuch schätzte sich die erste Gruppe als weitaus positiver ein als die zweite. Die Gruppe mit den 12 Eigenschaften zweifelte wegen der schwachen Flüssigkeit an sich selbst und waren deshalb nicht so überzeugt von sich. Dieses Experiment zeigt gut auf, dass die Menge der Informationen nicht entscheidend ist, sondern die Flüssigkeit, mit der sie abgerufen werden.

Die Rekognitionsheuristik

Die Faustregel besagt, dass man sich bei der Wahl zwischen zwei Alternativen, bei denen nur eine bekannt ist, immer für die bekannte entscheiden soll. Dabei ist es nicht von Relevanz, woher einem diese Option bekannt vorkommt; das Wiedererkennen genügt. Die Heuristik verliert ihre Anwendung, wenn man beide Alternativen kennt oder nicht kennt. Bei der Frage, ob man lieber nach Mailand oder Bari reisen möchte, würden die meisten sich für Option 1 entscheiden. Grund dafür ist, dass sie Mailand schon einmal gehört haben, egal in welchem Kontext, und Bari höchstwahrscheinlich nicht.

Die Repräsentativitätsheuristik

Hier wird die Wahrscheinlichkeit, mit der ein Gegenstand einer bestimmten Kategorie angehört, nach der Ähnlichkeit beurteilt, die er mit der Kategorie hat. Wenn ein Objekt die gleichen Merkmale wie eine Kategorie hat, gehen wir automatisch davon aus, dass sie zusammengehören. Wir denken, dass große Ereignisse große Ursachen haben und dass das, was von außen schlecht aussieht, auch von innen schlecht ist. Dabei vernachlässigen wir allerdings Informationen über Grundraten, Stichproben oder bedingte Wahrscheinlichkeiten. Kurz gesagt: Wir nutzen nur Beschreibungen und vernachlässigen statistische Informationen. Nehmen wir uns als Beispiel die Vernachlässigung der Stichprobengröße. Es wird oft übersehen, dass es in kleinen Stichproben häufiger Abweichungen vom Populationsmittelwert gibt als in großen. In großen gleichen sich die Extremwerte aus und pendeln sich im Mittelbereich ein. Bei kleinen Untersuchungen ist dies nicht der Fall und es entsteht eine größere Streuung. Einen weiteren Fehler, den wir im Sinne der Repräsentativitätsheuristik gern begehen, nennt man im Basketball „the hot hand". Der Zuschauer erwartet, dass die Wahrscheinlichkeit eines Treffers steigt, wenn ein Spieler kurz vorher schon einen Korb geworfen hat. Diese Theorie ist jedoch fehlerbehaftet. Sie beachten nicht, dass die einzelnen Würfe unabhängige Ereignisse sind und der erste Treffer keinen zweiten vorhersagen kann.

WEITERE URTEILSVERZERRUNGEN

Der Ankereffekt

Der Ankereffekt tritt bei numerischen Urteilen auf. Eine Person orientiert sich bei ihrem eigenen Urteil an einem Anker, dem zuerst genannten Vorschlag, und entfernt sich nur wenig davon. Der erste Anker wird durch folgende Urteile nur wenig beeinflusst und bleibt stabil. Egal, wie viele unterschiedliche Urteile auf den ersten Anker folgen, das endgültige Ergebnis liegt stets näher am ersten Anker als an allen anderen

Schätzungen. Den Ankereffekt kann man zur Manipulation des Konsumentenverhaltens nutzen. Je mehr Kekse auf einer Packung abgebildet sind, desto höher schätzen wir die vorhandene Stückzahl in der Packung ein und konsumieren automatisch mehr.

Der Endowment-Effekt

Dieser Effekt beschreibt, dass uns der Verlust einer Sache, die man bereits besitzt, stärker motiviert als die Hoffnung auf einen gleichwertigen Gewinn. Menschen stufen Verluste als wichtiger ein als Gewinne und tun alles dafür, ihr Eigentum zu behalten. Grund dafür ist die vorhandene Bindung an das Objekt. Beispielsweise würde man eher einen abgelaufenen Pudding essen, den man bereits im Kühlschrank hat, als einen abgelaufenen Pudding zu kaufen. Würde man den gekauften Pudding nicht essen, könnte sich ein Verlustgefühl einstellen.

Source Dependency

Außerdem spielt die Herkunft der Gegenstände bei ihrer Bewertung eine wichtige Rolle. 1000 € werden viel schöner eingeschätzt, wenn man sie in einer Quiz-Show gewonnen hat und nicht durch ein Los. Der Gewinn durch das eigene Wissen wird viel höher eingestuft als das pure Glück. Man schätzt diesen Gewinn mehr.

FAZIT: MARKT- UND KONSUMPSYCHOLOGIE

Die Reise eines Produktes von der Produktion zum Endverbraucher ist lang und die beteiligten Prozesse sind dem Konsumenten nicht bewusst. Im Supermarkt wählt man oft nicht zufällig ein Produkt. Nein, dahinter stehen monatelange Recherchearbeiten, wie Produkte designt werden müssen, um den Konsumenten anzusprechen, und eine genaue Strategie, dass es sich gegen Konkurrenzprodukte durchsetzen kann. Allerdings kann man es nicht bei solchen rationalen Variablen belassen. Der Mensch ist in seinem Denken und Verhalten sehr komplex und muss bei marktrelevanten Entscheidungen immer genau betrachtet werden. Die Markt- und Konsumpsychologie hat es sich zur Aufgabe genommen, die kognitiven Grundvoraussetzungen, gesellschaftliche und wirtschaftliche Trends und individuelle Bedürfnisse zu kombinieren, um das Wirtschaftsverhalten des Menschen zu analysieren.

Dieser Bereich der Psychologie ist mittlerweile nicht mehr wegzudenken. Die Zielgruppen werden dynamischer und immer unvorhersehbarer. Weiterhin besteht ein Trend zur Individualisierung und Fragmentierung der Märkte, weshalb es umso wichtiger ist, die Bedürfnisse und Unterschiede der Konsumenten zu kennen, um diese optimal zu treffen. Ein anderer Grund, weshalb die Markt- und Konsumpsychologie eine entscheidende Rolle einnimmt, ist die steigende Anzahl gesättigter Märkte. Unternehmen differenzieren sich in ihren Produkten und technischen Voraussetzungen kaum voneinander und verlieren somit Wettbewerbsvorteile. Ihre einzige Möglichkeit, sich zu unterscheiden, ist über Bereiche wie Design, Distribution oder Kommunikation. Alle diese Stellschrauben gehören zur Psychologie.

Da diese aktuellen Marktentwicklungen beinahe jedes Unternehmen betreffen, ist die Nachfrage nach kompetenten Arbeitskräften, die eine wirtschaftspsychologische Ausbildung genossen haben, immer größer. Schließlich basiert auf diesen die ganze Wirtschaft und kein Unternehmen will wegen falschem Handeln in den Hintergrund rücken. Jede noch so kleine Produktveränderung oder Vermarktung kann zu Unterschieden im Kaufverhalten führen.

Im vorangegangenen Kapitel haben Sie einige Einblicke aus dem großen Feld dieser Disziplin erlangen können. Die wichtigsten Komponenten, die untersucht werden, mit der Wahrnehmung, Motiven, Zielen und einige Urteilsverzerrungen. Dies ist allerdings nur ein winziger Teil des gesamten Feldes. Es erscheinen jährlich neue Studien zur Untersuchung anderer Phänomene und Effekte. Die Forschung zu diesem Thema ist gewaltig und wird in den kommenden Jahren noch größeren Zuwachs erleben.

Über die wirtschaftlichen Entscheidungsprozesse Bescheid zu wissen, bringt Ihnen sowohl in der Perspektive als Unternehmer als auch in der eines Konsumenten etwas. Als Unternehmer kann man sie bewusst nutzen, um absatzorientierte Ziele zu erreichen. In der Konsumentenrolle ist man in der Lage, die Tricks der Hersteller zu durchschauen und sich selbst bezüglich seiner Kaufentscheidungen zu hinterfragen. Deshalb ist es jedem empfohlen, sich mit dem Thema auseinanderzusetzen. Um sich als Konsument bestärkter in seinen eigenen Entscheidungen zu fühlen und nicht als Marionette der Unternehmen zu handeln, gibt es eine kleine Übung, die man gut in seinen Alltag integrieren kann. Stehen Sie wieder einmal für den Wocheneinkauf vor den Regalen und greifen Sie nach einem Produkt, halten Sie für einen Moment inne und hinterfragen Sie sich. Warum habe ich genau dieses Produkt gewählt? Was unterscheidet sich daran von den anderen?

Entscheide ich nach dem Aussehen der Verpackung, der Qualität, Marke oder aufgrund des Preises? Mit solchen kleinen Denkanstößen werden Sie sich Ihrer Entscheidungen viel bewusster und können selbstbestimmter handeln. Gleiches gilt auch für Werbeplakate. Anstatt die Gestaltung einfach so hinzunehmen, fragen Sie sich nach den Gründen, warum eine bestimmte Farbe oder ein gewisser Spruch verwendet wurde. Jedes Element hat seine Berechtigung und durch das Hinterfragen verstehen Sie die Tricks der Industrie.

Fazit: Wirtschaftspsychologie

Jetzt, da Sie alle Kapitel gelesen haben, sind Sie in der Lage, grundlegende Elemente der Wirtschaftspsychologie zu verstehen. Sie haben gelernt, dass die Wirtschaft und das menschliche Verhalten in diesem Kontext sehr komplex sind. Bei Personal- oder Marketingentscheidungen sollten Unternehmen nicht einfach so darauf losarbeiten, sondern erst analysieren, welche Maßnahme für ihr Ziel am besten ist. Die Arbeits- und Organisationspsychologie befasst sich mit den Menschen innerhalb eines

Unternehmens und wie die Arbeit am besten ausge-
führt werden sollte. Der andere Teil, die Markt- und
Konsumpsychologie, setzt bei dem Menschen in seinem Marktverhalten an und analysiert Entscheidungen, die hinter einem Kauf stecken. Beide Bereiche haben ihre Berechtigung und sind aus der heutigen Wirtschaft nicht mehr wegzudenken.

Herstellung und Verlag:

BoD – Books on Demand, Norderstedt

ISBN: 9783755724193

© Martin Kulas 2022

1. Auflage

Kontakt: Psiana eCom UG/ Berumer Str. 44/ 26844 Jemgum

Covergestaltung: Fenna Larsson

Coverfoto: depositphotos.com